은유를 깨문 밤

은유를 깨문 밤

정수월 시집

시인의 말

  가슴을 흔드는 앵강만의 빛이 때로는 기억처럼 밀려왔다. 다락방 창을 열면 무당벌레가 숨 쉬던 작은 텃밭, 시간이 멈춘 어린 날의 오후. 풀과 벌레와 꽃과 바다, 이름 없이 친밀했던 것들. 그 투명한 형상들이 아직도 나를 흔들고, 눈부신 바다는 오늘도 나를 껴안는다.

2025년
정수월

차 례

● 시인의 말

제1부

첫사랑 ———— 12
붉은 생각 ———— 13
건널목 ———— 14
경계 ———— 16
오로라 ———— 17
은유를 깨문 밤 ———— 18
붉은 그리움 ———— 20
붉은 입술 ———— 21
까치는 모른다 ———— 22
거울 ———— 23
붉은 문장 ———— 24
말테의 수기 ———— 26
시가 되지 않는 말 ———— 27
그림자 지나가는 길 ———— 28
달의 노래 ———— 30
언어의 물결을 물고 ———— 32

제2부

퍼덕거리는 유화 ──── 34
초롱꽃 ──── 35
열세 번째 발자국 ──── 36
잿빛 소음 ──── 38
중력 아래의 밤 ──── 40
소리 없이 채색되는 ──── 42
나이테 ──── 43
꽃잎 이후 ──── 46
빛의 산란 ──── 47
월아산 ──── 48
저녁 창에 쓰는 편지 ──── 50
자치기 놀이 ──── 52
내면의 목소리 ──── 53
마당극 ──── 54
버팀목 ──── 56
바람도 없이 ──── 58

제3부

동화 몇 줄 ——— 60

하모 ——— 61

봉선화 ——— 62

수채화 ——— 64

구름은 국적이 없다 ——— 66

인기척 없는 문장들 ——— 68

바다를 읊은 시가 없어요 ——— 70

하네스를 찬 나 ——— 71

행성처럼 ——— 74

귀동냥 ——— 76

꿈 ——— 78

창가에 여름비 ——— 80

감나무 ——— 82

곪아 바스러진 ——— 83

스케치 ——— 84

노을 ——— 85

제4부

파토스 ──── 88

보랏빛 심장 ──── 89

산죽 ──── 90

이면 도로 ──── 91

달맞이꽃 ──── 92

재개발 ──── 94

은행잎 ──── 96

노랑 ──── 98

길을 묻다 ──── 100

침묵 위를 긋다 ──── 102

노란 우산 ──── 104

환승역에서 ──── 106

새벽 ──── 108

장마의 내부 ──── 109

풍경소리 ──── 110

▨ 정수월의 시세계 | 이재훈 ──── 111

제1부

첫사랑

매미 한 마리, 내 심장에 눌어붙었다

붉은 생각

 덩굴장미가 빛을 잃어갈 때 노을이 생각을 흩뿌린다. 혼탁한 강물이 일렁거리고 수면 위로 피라미가 퍼덕인다. 물거품과 윤슬은 구분하기 어렵다. 그녀는 땀에 젖은 몸뚱어리지만 모여들 아이를 생각하면 눅진하고 옹골차다. 그녀보다 앞서 걸어가는 노을. 눈썹이 물의 파문같이 번진다. 비둘기가 대숲에 앉기 시작한다. 그녀는 양념을 치고 밥 안치기에 분주하다. 아이의 주린 귓불이 붉다는 생각. 그녀는 공양을 올리듯 늘 계절을 부화하고 있다는 생각. 아이들에게 훈기를 전하고픈 마음, 하루가 붉은 장미 같다. 노을이 점점 불그스레하다. 그녀는 밥을 푸기 시작한다. 누가 그녀의 생각을 묘사하고 있는가. 붉은, 매우 붉은

건널목

벚꽃 터널
꽃송이 사방으로 뛰어내린다
아쉬운 기억을 남긴 채
침목 위에 흩어진다
허기진 금붕어 입질처럼
툭툭 입 벌린 꽃잎
이쪽과 저쪽 어디로 떨어질까
생과 사의 경계
내딛는 발걸음에 달렸다
건널목엔
빨강과 파랑 불을 밝힌다
밤하늘의 별처럼
만장처럼 펄럭이는
객차와 객차 사이 난해한
길이 보인다
숨결과 꿈결, 초록과 빨강
길 끝에 무엇이 등장할까
건널목 푯말에 전화번호가

더러 보인다

한 생이 또 지나간다

경계선 너머로

경계

꽃잎이 쭉정이처럼 내 눈썹을 스친다. 웅덩이에 물결이 인다. 툭툭 입 벌린 모습으로 이파리 빙빙 돌며 떨어진다. 생명이 꺼져가는 걸까. 불꽃을 지피는 걸까. 영원과 순간의 경계에 내가 서 있다. 결정적인 순간이다. 순간을 위해 경계선 너머로 몸을 던졌던 그날이 떠오른다. 아직 눈썹이 기억하는 간헐적인 외침이 들리는 듯하다. 고양이와 강아지가 밟고 있던 담장이 점점 경계로 변해간다. 웅덩이와 담장이 뜯겨나간 경계를 보고 있다. 나는 어디쯤 서 있을까. 불꽃을 지피는 걸까. 밤새워 고민하던 날처럼 임의의 절취선이 눈썹을 차지하고 있다. 아직 꽃잎이 외치고 있다. 경계 너머에 길이 있다고

오로라

　무게를 끌고 가는 그녀, 꽃의 공양을 받들어 올리듯 소지 燒紙를 차곡차곡 쌓은 숨결 전해온다. 그녀는 밤하늘에 빛을 만드는 중, 온갖 색깔의 빛이 그녀의 주변을 돌며 빙빙 타올랐다. 그녀는 하늘에 부딪힌 맨드라미처럼 붉다. 눈앞이 번쩍였다. 걸음이 모이면 큰길을 내듯 파장이 다른 빛을 끌고 가는 섬세한 그림은 어디에서 오는 걸까. 지친 몸을 끌고 빛을 찾아 나선 그녀. 한 발짝 물러서기 쉽지 않은 배려, 나는 보았다. 눈앞이 번쩍였다. 흩뿌려진 실핏줄처럼 소지는 모였다 흩어진다. 수평과 수직의 묶음은 오묘하지. 숱한 그녀의 허기와 열정과 내면을 느끼며 내 가슴은 아름다운 길에 흠뻑 젖어간다.

은유를 깨문 밤

올가미처럼 벌어진 꽃
박꽃 같은 웃음이 눈을 찌른다.

더운 찻잔에 달그락거리던 꿈이 보인다. 구멍 난 기억이 슬픔을 키우고 있었다. 나는 그 먼 길 혼자 걸어왔지. 길을 잃어버린 오랜 시간

사는 것이 무엇인지
내게 묻는다.

무수한 별빛 같은 모성
손가락 마디마디 꽃이 피고, 어둠을 지킨 바닥에 들꽃처럼 꿈이 피어오른다.

내 심장을 대신해 물들인 슬픔의 꽃, 꿈으로 더럽혀진 길에 고라니 한 마리 쓰러져 있다. 피를 흘리면서

나는 조금 알 것 같다

어금니, 꽉 깨문 저 은유를

붉은 그리움

새들이 푸드덕 날갯짓해요. 속삭임이 들려와요. 커피 향이 산자락을 맴돌면 붉은 그리움, 눈시울에 매달리지요. 가슴 떨던 그대가 맴돌고 간 호수를 어찌 잊겠어요. 아스라이 별이 된 먼 숨결 저편에 있지요. 날개 한쪽 떼어낸 가마우지, 부리로 달빛을 쪼고 있어요. 따끔거리는 물이랑이 붉은 이파리를 데리고 놀아요. 조명에 비치는 발걸음이 서로 겹쳐요. 기척에 혹시나 달려가 바라보면 뚝, 단풍잎 떨어지는 소리였어요. 보고 싶고 또 보고 싶어 호수엔 환상통으로 돋아 있는 날개. 가마우지 침묵을 매달고, 호수를 맴돌고 있는 듯해요.

붉은 입술

오라고 한다. 산수유, 진달래, 매화가 입술 내미는 산으로 오라고 손짓한다. 가끔 꿈길에 휘파람새 노래하는 곳으로 나를 오라고 한다. 휘파람의 유혹에 산을 오른다. 내 발걸음에 놀란 장끼 한 마리 달아난다. 닳아빠진 이념을 벗어던지고 맨발로 바위를 오른다. 봄 햇살에 나는 눈 호강을 한다. 숨은 가빠지고 몸엔 열이 난다. 내원골에 화염이 솟는다. 눈치챈 마을의 개 한 마리 짖기 시작한다. 덩달아 모든 개가 짖어댄다. 꽃에서 꽃으로 옮겨붙는 입술, 피 묻은 입술은 말의 출구다. 말 따라 나는 꿈을 받아 적는다. 무더기로 불붙은 진달래, 내 입술이 붉어진다. 아직 기다리는 이 보이지 않고 꿈이 부스럭거린다. 벌거벗은 지평선이 바싹 마른다. 슬픔만 불러일으키는 베개가 축축하다.

까치는 모른다

벚나무 가지가 홰를 치며 흔들린다. 이층 처마로 뻗은 가지 사이로 비바람 피하던 까치 한 마리. 바라보던 나를 염탐하는 듯하다. 유리 한 장 너머의 수상한 경계, 얼떨결에 내가 몸을 피해주었다. 눈이 마주칠까 나는 창끝에서 최대한 물러났다. 두리번거리며 번득이는 녀석의 눈빛, 꽁지가 널뛰듯 내 마음을 건너뛴다. 가지가 걸쳐 있는 담장에 꽃 피고 잎 진다. 멀리 날갯짓하는 녀석, 저 너머 누가 기다리고 있는 줄 모른다. 나도 모른다. 침묵이 내 마음을 쪼아댄다. 내 왼쪽엔 이성, 내 오른쪽엔 감성을

거울

거울은 재생의 강
강물처럼 흘러내리는 시간이 보인다.

어머니의 어머니도 보이고 수줍음 많은 나도 보인다. 맑은 강에 햇살이 비치면 밭고랑 주름도 할머니의 할머니도 보인다. 가끔 뭉텅이 굽은 두 손으로 길을 내며 달려가는 힘 있는 강물. 오래된 사랑과 이별, 시간은 반듯한 것들을 쓸고 간다.

개울물이 강에 모이듯 대대로 이어져 오는 얼굴
얼굴 속에 얼굴이 보이고, 할머니도 어머니도 나도 보인다. 물줄기가 지나가면 또 다른 물길이 생겨난다.

거울을 바라보면 나이테 같은 겹겹의 무늬로 다시 돋아난다. 어디서 본 듯한 아이 하나 웃으면서 다가온다.

반듯한 것들을 쓸고 가는 시간

붉은 문장

누구는 학군 때문에 이사를 하고, 누구는 외곽 쪽으로 이사를 한다.
나의 중심은 어디에 있는가.

꿈을 위하여 기웃거린 길
비문非文에 발목 잡힌 길에서 핏기 없이 하얘졌다.

나를 위해 달려가는 길엔 비루한 웃음소리 들끓는다. 잿밥에 눈먼 자들의

나는 내 그림자를 물고 돌고 있다
발기한 목줄처럼

붉은 문장이 보일 듯 말 듯하다. 어둠 속에서

나는 우둔하게 이 세계의 질서를 미처 몰랐다.
질긴 업으로 생각하며, 헤매고 있다.

별빛 하나, 은유의 부스러기를 만나기 위해

말테의 수기

　엉뚱한 시비로 금을 긋는다. 무슨 그런 사람이 있을까. 대화가 안 된다고

　같은 작품을 읽고 이런 생각도 서로 다르게 느낄 수 있는 법. 그렇다고 생뚱맞은 소리라고 할 수 있는지. 아뇨, 내 뜻만 전달하고 싶어요. 대화를 더 나눌 생각이 없다고요. 당신은 알 리가 없죠.

　똑같은 말이 되풀이된다면
　잠시, 혼자의 시간이 필요하겠다. 똑같은 문장도, 읽는 이에 따라 다르게 깃드는 밤

　침묵 속에는, 이해와 용서가 숨어 있기에 새벽을 깨치며 허용하는 법

　다시 빚어내야 하기 때문이다.
　가깝고 먼 길

시가 되지 않는 말

속살 탈탈 뒤집는다. 잘라내다가 다시 대립하는 나. 자꾸만 지우고 찌르던 가시처럼 나의 심장 따끔거린다. 시심이 후다닥 달아났지만, 나는 깜깜한 표상을 끌어안고 긴 밤을 건너는 일. 누가 읽든 말든 쏟아낸 나의 피붙이 오랫동안 가길 바랄 뿐

새 짖는 소리 다시 들을 수 있을까. 아무리 설명해도, 해석해도 소용없는 일

나의 전정은 어디에서 어떤 기호를 물고 있을까. 바람의 언어를 물고 솎는다. 이거 뭐냐. 이거 시, 되겠나. 시퍼런 내 입이 먼저 구시렁거린다.

그림자 지나가는 길

나불천 오리 자맥질한다
명석 가는 길, 오리가 달아난다

내가 놀란 건지, 오리가 놀란 건지
물길 너머 꺼룩꺼룩 소리 뒤엉킨다
떠다니는 깃털들
향방 모를 날갯짓이 내 발목을 잡는다

늘 조심하라는 어머니 생각이 난다
나도 어머니를 따라다녔다
잘 살아야 해
근심되고 불안한 어머니의 마음이었다

싫어 싫어 나는 싫어

속절없이 칭얼대며 울먹이는 목소리
이별의 두려움에 내 가슴이 떨렸다

계절은 숱한 사연과 함께 온다
오리 소리 들려오는 듯하다
살다가 지나치고 놓쳤던 것들
문득, 너울처럼 일어서는 어머니의 숨길

나는 붉은 혼을 언어로
빚고 있다 아직 남아 있는

만남과 이별은
그림자 지나가는 길이다.

달의 노래

기울어져 가는 눈썹을 들여다봐요.
기타 선율에 나는 붉은 노래를 부르죠. 악보마다 뿌리를 내린다면 줄기와 떡잎은 얼마나 무성할까요.

어떤 색깔일까요.

가끔은 달집을 노래하지요. 겨울밤 결핍과 고독이 마음을 움직여요. 때로는 가시밭길을 지나 푸른 보리밭 이랑에서 누구를 응시하지요.

감정선과 호흡이 맞는 나의 노래. 굵어진 꿈길을 걷거나 달무리 바라보며 미소 짓게 하지요. 나는 시를 읊는 뮤지션.

성대 결절은 새벽의 고독과 슬픔처럼

달의 정적 속에 잃어버린 기억이 꿈틀거려요. 내 악보는 나의 분신이죠. 새벽에 노래 못하는 건 음악성의 상실이에요.

풀잎의 흔들림에 교감하는 파동은 시가 되죠. 나는 시 쓰는 뮤지션, 덜컹대는 리듬과 감정을 고르며 꿈을 노래하지요. 상실과 결핍을 채우고 메우며, 연인들의 울음같이 눈썹이 떨려와요.

언어의 물결을 물고

시시콜콜 문장에 가시가 사각거린다. 나는 언어의 물결을 물고 쪼아댄다. 결을 따라 소리 없이 행간을 오르고 오른다.

불쾌한 거스러미는 뽑아버려요. 첫 구절을 위하여

거듭 별이 지고 갈 길은 멀어요. 굽이진 먼 길은 나 홀로 걷기엔 외로워 마음도 구부정해요. 길 가다가 가슴속 머무를 별 하나 찾고 싶어, 나는 보폭을 넓혔다가 좁혔다가 마음을 추스르고 있어요.

서바이벌 게임을 하는 중이에요. 남에게 보이는 걸 피하지 말고, 두려워 말아요. 밑도 끝도 없이 경고음이 들릴 때까지 우리는 가보는 거죠. 가다가 멈추면 우린 난민이 되는 거죠.

그림자는 자기 보폭만큼 따라오는 법이죠. 우리 흔들리지 말아요. 어깨 힘 빼고 빡센 길 돌아 큰길 마주해요. 나의 문장은 어렵사리 겨울을 지나는 중이어요.

제2부

퍼덕거리는 유화

내 캔버스에 살아가는 기운을 채색한다. 완벽한 색조는 없다. 삶은 추억과 이별을 채우는 것. 잠든 나를 깨우며 살아가는 것. 나는 캔버스에 붉게 조각난 내 생각을 보탠다.

초롱꽃

 물소리 들린다. 초롱의 물방울 보았다. 엄마의 손가락 꼭 잡고 선 어린 내 모습 같았다. 커다란 눈망울 가진 너를 보았다. 나를 삼켜버릴 듯했다. 길 잃은 한 떨기 눈물방울 같았다. 웃음기 잃은 너의 입술을 보았다. 날개 접은 나비처럼 눈물 머금고 있었다. 배롱나무 꽃잎 붉게 달아올랐다. 까칠한 네 입술 보았다. 그래도 맑은 물소리 들리고 꽃잎은 날리고 있다. 눈시울이 붉어졌다. 도톰한 입술을 적시고

열세 번째 발자국

별똥별 떨어진 밤, 개울 건너 내려온 고라니 발자국 찍혀 있다.

앞산에 고라니 가족 산다. 가끔 도랑을 타고 내딛던 걸음 기척을 느끼면 축축한 검은 그물망 사이로 달아난다. 힐끔 돌아보며 통통 튀는 노루, 흔들리는 뒷모습이 몽환처럼 다가온다.

발자국엔 울음이 담겨 있고, 배곯은 아픔도 배어 있다. 창밖은 벼랑이고 그물망 밖은 불안이 널브러져 있다.

다시 찾아올 거야. 허기를 채우지 못한 아쉬움에,
식솔에게 보일 빈손으로 돌아간 녀석 생각에 나는 마른침을 삼키며 앞산을 바라본다. 나는 풀밭 위로 불안한 예감을 털어낸다. 도스토옙스키의 벼랑일까. 그물에서 벗어나지 못한 나는 발걸음 살며시 내디딘다.

녀석은 지금쯤 어디 있을까.

숲으로 갔을 거야. 아니면 어둠 속을 배회하겠지. 배곯은 고라니 생각에 옹알이해 본다. 빈 사료 그릇에 눈꺼풀 처진 별 하나 반짝거린다.

내 귓바퀴에 찍혀 있는 고라니 울음 들려온다.

잿빛 소음

석양의 절반이 바다에 스민다
잿빛과 선홍, 서로의 상처를 덧칠하며
뱃고동이 울린다 저음의 외침
확성기는
이름 모를 이들을 일제히 불러낸다
사람들은 발목 아래 그림자를 밟으며
출구로 몰린다
만국기가 떨린다
바람이 국적을 잃는다
휘청이는 여인의 실루엣,
물비늘처럼 깨어진다
다시, 뱃머리에 무너지는 울음
갈매기의 곡선은 소리를 따라 휘어진다
여인은 안다
웃음보다 울음이
무의식에 더 깊이 박힌다는 것을
눈동자가 출구를 묻다
기다리던 발자국은

끝내,
오지 않는다
이제,
잿빛 비린내만이 남아
바다를 되감는다

중력 아래의 밤

한 장의 잎이
의도를 가진 듯 떨어진다
낭떠러지는 풍경을 연기한다
점 하나, 문장도 아닌 무엇
고요 속에서 찍힌다

저마다 다른 윤곽의 잎들은
누군가의 수채화가 되겠지만
운석처럼
빗나갈 수 없는 중력 아래

떨어진다
떨어진다
반짝이는 것들은 다 사라지는 쪽으로

너의 뒤척임
시간은 고리를 삼킨 뱀처럼
시작과 끝을 잃고

우리의 밤은 늘 불안정하다
발끝에 별 하나 떨어진다
이 세계의 껍질이 살짝 터진다

뜨거웠던 하루가
새 떼처럼 헝클어진 채
정수리에 떨어지고
그게 비인지, 기억인지
알 수 없는 채로
젖는다

소리 없이 채색되는

　밤하늘의 별이 뜬다. 그의 언어는 행간의 등대, 주변의 똑딱선을 위한 시의 이랑을 비춰주는 빛이다. 문장과 문장이 넘나드는 끊임없는 긴장이다. 그러니까 반짝이는 윤슬이다. 손은 마음 따라 움직인다. 나는 보았다. 등대는 중심을 비추기보다 어두운 가장자리를 비춘다. 중심에 다다른 그의 트렌드는 별이다. 그러니까 그는 왕관을 썼다. 그의 선은 힘의 근원이고 단단하다. 대쪽처럼 구부러진 데가 없다. 아득히 먼 곳으로 길을 만드는 모니터 속, 해체되지 않는 힘이 있다. 내장된 소리가 닿아 일어난다. 사방으로 길을 낸다. 꽃길을 낸다. 보았다. 나는 보았다. 소리 없이 채색되는 문장에는 그의 무늬가 출렁인다.

나이테

시간의 건반을 두들긴다.

희미하게 돋아나는 추억의 잎새, 사무치는 이야기 상자가 풀어진다. 생전 모습이 실루엣으로 다가오면 목이 멘다. 상자 속에 머문 털어내지 못한 기억

당신이라는 나무 한 그루 심어놓고 오랜 둥지에 덧칠한다.

나는 마른나무에 시를 읊었고, 파릇한 아이들은 잘 자랐다. 그리움은 잘라내지 못한 독성일까. 오랜 세월 모호한 통증에 나는 어김없이 시를 쓰고 사연을 노래했다. 줄기처럼 건반이 점점 늘어났다.

왜 진작 몰랐을까. 당신과 내가 식물성인 걸

경험하지 못한 것들, 사랑도 이별도 표현의 눈 맞춤도 그 때는 왜 몰랐을까. 내 발목을 쥐고 기웃거리는 당신의 그림자, 내 꿈이 자란다는 사실을

간혹 잠들지 못하고 신열을 앓을 때 더러 있다. 잎이 부스럭거린다.

　몽환적으로 다가온 당신, 나는 마주 앉아 말했지요. 세상이 너무 변했다고요. 바꿀 수 없는 캄캄한 세상이라고. 산만하고 따뜻하지 않아요라고, 주절대는 울림은 오랜 나의 습관일까. 돌아오지 않을 당신에게 해금을 토해내듯, 낱낱이 옳고 그름을 전한다.

　그래도 내 그루터기는 당신, 당신의 힘으로 단단해지고 덤덤해진다. 봄비 쏟아지는 밤엔 온갖 자맥질 한다. 상자 속에서

　시간의 건반을 두들긴다. 어디선가 부스럭거린다. 빗방울과 함께

　당신이라는 나이테가 있어

나는 흔들리지 않고 당당하다.

꽃잎 이후

꽃잎이 사 열 횡대로 몸을 던진다.

여정이 끝난 길 숨을 멈추었을까. 반추의 길목에 숨죽이는 날숨은 바람 때문이었을까. 허물 벗어도 결코 알 수 없는 화두. 멀리 지평선 위로 날이 저물고 있다. 꽃잎 떨어지고 작은 열매 맺히고 세상은 또다시 회전한다. 코끝에 멀건 풀 냄새, 초록이 짙게 길을 내고 있다. 나는 예쁜 씨를 남겼다. 사람의 씨앗이다.

하나, 둘, 셋, 넷, 딸이 넷이다.

눈감고 떠다니는 상상의 소리에 마음을 기울인다. 얼굴 간질이는 산들바람이 공기 중에 흩어진다. 마술같이 다시 시작되는 삶, 생의 반복이다. 창문에 몸을 기댄 채 쏟아지는 달빛과 밤의 풍경을 음미한다. 어쩌면 보지 못할 일련의 사실을 음미한다. 나의 씨앗 나의 분신이 아름답게 익어가기를

빛의 산란

나는 우울할 때 꽃을 산다.

색색의 꽃이 어우러져 있는 무지개 꽃이다. 나는 꽃의 색깔에 갇힌다. 누구도 무지개의 처음과 끝을 알 수 없다.

동공에 비치는 반짝이는 꽃잎을 보며 나는 꽃의 아우라에 빠져든다.

봄은 아지랑이처럼 오고 새싹이 피기 시작하는데, 꽃병에 담긴 너처럼 나는 시간에 갇힌다. 우울할 때 나는 그리움의 꽃을 고른다.

무지개색의 눈부신 산란

옹알이처럼 잡힐 듯 말 듯 심란한 내 가슴에 초록과 꽃은 무지개길을 낸다. 숨겨진 내 마음도 초록을 입는다.

붉은 입술은
자줏빛 가슴으로 번진다.

월아산

물속엔 나 아닌 내가 누워 있다
월아산 능선에서
비탈진 기억처럼 흘러내린 초승달
누가 봐도
마을 할머니 같다
허리 숙이고 호수에 무언가를 담는다
금호지,
바람 한 조각에 출렁이는 오래된 우정
우리의 유년은
마름 위에 피었던 작은 비밀들
그리고
삶을 연꽃처럼 핀 적이 있었다
진흙 속에서도, 피워낸 것
비늘의 언어로 꾸물대는
물고기 몇 마리
우리는 그처럼 서로를
물끄러미 바라보았다
어둠보다 하얀 달이 되며

물 아래엔

이름 없는 목소리들이 흘러간다

미처 말하지 못한

내 안의 또 다른 내가

달빛의 반사처럼 남아 있다

내 눈썹에 걸려 있던 초승달

이제는 호수의 숨결로

조용히 번져간다

저녁 창에 쓰는 편지

붉게 타던 노을이 은빛 창에 번진다.

해 넘어가는 동안 나는 농익은 삶이 무엇인지 생각해 본다. 은어가 반짝거리는 것 같은 창. 하루가 후줄근한 삶일지라도 늘 내일은 백지상태로 다가온다. 하루하루 낱장이 모여 삶의 궤적을 만든다. 늘 기대에 미치지 못한 삶이었다. 그러나 삶에 모범 답안은 없다.

노을 앞에 그어진 점선이 어둠을 불러온다. 능선에 땅거미가 내리고 윤슬로 빛나던 강은 이제 낮달이 헤엄친다. 여태껏 정답도 없는 길을 허우적거렸다 생각하니 어깨 힘이 빠진다.

늘 나만의 길을 만들며 걸어왔다. 이제 노을 지는 창가에 앉아 편지를 쓰고 있다. 그대에게

뜻을 함께하는 이들과 버스킹 다녔던 길, 서로 훈훈한 시선을 나누며 걸어왔던 길을 사실적으로 적어 내려간다. 오

늘 저녁은 도시의 변두리에서 추위에 떨고 있을 누군가의 아픔을 느껴본다. 산다는 건 선택의 연속이고 이별의 연속이다.

 일이든, 무엇이든 남의 눈대중이 잣대는 아니다. 나는 나무 한 그루 심고, 둥지를 돌보며 살아왔다.
 도시 외곽에서, 나는 침묵과 독백을 읊어댄다. 행간을 읽듯 창밖을 본다. 빈 비닐봉지가 후줄근한 밤바람에 날아오른다. 나는 쉼표를 찍으며 너머의 틈을 상상한다.

 햇살이 빠져나간 곳을 나는 오래도록 바라보았다. 그대가 틈새로 편지를 읽고 있는 듯하다.

 강물은 어둠 속을 흘러가다가 다시 만난다.
 바람이 분다.
 그대의 목소리가 창을 두들긴다.

자치기 놀이

　골목에서 아이들이 딱딱 막대기 치는 소리 들려오고, 유리창 깨지는 소리 담장을 넘는다. 딱, 나무둥치를 때리거나 친다. 직선으로 떨어지는 막대기에 아이들 우르르 달려간다. 이리 모였다가 저리 모였다가 와와, 소리는 생각이고 은유다. 나이테 같은 원형의 발자국, 치열하게 들썩인다. 발자국 속으로 깔리는 저녁노을, 땀에 젖은 머리카락 휙휙 젖히며 아이들은 날갯짓하며 빙빙 돈다. 발자국 모이는 곳마다 헐뜯는 소문 한 마디 삐쭉거린다. 저녁 불빛이 하나둘 켜지는 주홍빛 골목에 소문이 자라난다. 깨진 유리같이

내면의 목소리

내원골 구름이 산죽 머리채를 흔들고 있다.

붉은 노을, 고개 떨구고 곶감 건조대에 서성거린다.
어둠이 단풍을 지워버렸다.
산죽 사이를 거닐던 사람 모두 어디로 갔을까.

골짜기마다 숨어 들었을까. 산죽의 그루터기처럼
거친 숨결이 또 한 잎의 능선을 넘는다.
밤낮의 경계석이다.

산에 드는 이들, 한올 한올 골짜기를
건너고 있다.

경계는 곰곰
생각해 볼 일이다

마당극

모스 부호로 내리는
이파리

나는 혼미한
기호를 적고 있다
갑작스레 내 눈동자와
빗방울이 겹치고
은행나무
슬픔에 날갯짓한다

난시처럼
겹쳤다가 풀어졌다가 눈시울
적시며 가지를 떠난
서사

질투라는 은유로
눈썹을 그리는 이야기

중앙선이 노랗게
돋아나는 마당에 나비 떼
웅성거린다
검은 실핏줄의 기호를
남긴 채

나는 노란
판소리
앨범을 붙들고 있다

버팀목

담벼랑 옆 활짝 핀 수국 꽃송이가 싱그럽고 탐스럽다. 출입문을 넘나들던 심장이 설렘과 기쁨으로 출렁이기 때문일까. 문 닫을 시간 그들은 일어날 기미 없다.

설렘이란 무엇일까. 눈시울이 처지는 시간 아버지의 얼굴을 기다리는 텔레마코스처럼 사랑, 기대

내가 당신에게 슬픔을 안긴 게 아닌데 수국은 눈을 이글거리며 웅크리고 있다. 좋은 인연 간판이 흐물거린다.

내가 아픔을 대신할 수도 없지만. 꽃잎은 느슨해진다. 너라는 대상이 있을 때 얼마나 위로받았는가. 비밀을 속삭이는 너의 울음이 내 가슴에 깃든다.

슬픔을 품고 있던 그가 바라보던 벽엔 설레던 시절에 만난 단골 화가들의 손길이 묻어 있다. 걸작은 아니어도 적어도 우리의 청춘은 가슴의 높이를 공유했다.

내 가슴 메울 변하지 않는 보랏빛 너의 호흡이 붙어 있는 동안 내년에도 같은 색으로 날 찾아오겠지.

바람도 없이

　사람들 돌탑을 쌓는다. 돌 하나 없는 나, 무슨 말을 해야 하는데, 얼어버린 입술 쪽지 한 장 남긴다. 움츠린 마음 번역될 수 없는 나의 언어, 내 입술에 덧문이 붙었다. 나는 누구인지 나를 바라본다. 노란 은행잎 떨어진다. 바람도 없이 눈물처럼 떨어진다. 나는 돌탑을 쌓고 있다. 바람 올리는 날도 아닌데 두물머리에서

제3부

동화 몇 줄

놀이터에서 마주친
아이의 눈빛이 나를 사로잡았다
눈망울이 축축하다
얼마나 울었을까 말간 콧물이
입술 위에 놀고 있다
아이의 눈빛은
그네 타는 다른 아이와 엄마였다
하늘 닮아 홀로 하늘로
가버린 엄마
내가 건네준 알사탕에
방긋 웃었다 순수한 눈빛이다
수줍던 벽이 금세 무너졌다
사탕 하나에 웃음을 짓는 아이
나는 한참 바라보았다
아이의 입꼬리에
동화 몇 줄 녹아내렸다

하모*

눈비에 젖어도

제 그림자 위에 선다

연뿌리가 발가락 간질여도

꿋꿋이 그 자리에 있다

* 진주시 마스코트.

봉선화

꽃잎 떨어지자

무성한 이야기가 성큼 다가오네

라디오 주파수에 물든 나는

손톱에 봉선화꽃 물들였지

지지직거리는 연속극이 끝나면

손바닥처럼 꿈길은 시작되었지

웃음은 웃음으로

울음은 울음으로

잎이 되었다가 꽃이 되었다가

이야기가 되었다가

손톱으로 사라져가던 꽃물

꿈의 뒤안길엔

나의

웃음과 울음

핑크빛과 파랑

무엇이 있을까

잎이 뭉개진 자리에

나만의 그림이

새겨져 있는 손톱

이제

꽃물은 보이질 않고

라디오 연속극이

이명으로 쏟아지는 밤이네

수채화

고양이 걸음으로
살금살금 다가오는 새벽과
온유의 바람이 이는 앵강만
기억의 어린숲이
내 눈썹을 흔든다
새벽이 오기 전
끝없이 펼쳐지는 수채화
가냘픈 손으로 만의 길이를 재어본

수평선과 편지를 주고받던
그곳은 내 문장의 첫 줄
어릴 적 꿈꾸었던 눈대중의 세상
물감을 풀어
나는 고양이 걸음을 따라 칠하고 있다

때론 목줄이 되고
때론 깃털이 되어
꿈이 펼쳐진 푸른 섬

고양이의 어법으로

행간에서 살며시 얼굴을 내미는 편지지

새벽의 문장이

보일락 말락 하는 앵강만

내 유년을 그리고 있는 새벽

저 멀리 내가 보인다

구름은 국적이 없다

활주로 옆

창백한 집들이 줄지어 앉아 있다

콘크리트 피부 위로

구름 그림자 하나

슬쩍, 지나간다

수면은 눈 밑 주름처럼 접히고

그 틈 사이로 낙엽이 아니라

배 한 조각, 잠깐씩 표류한다

구름은 국적이 없다

사물의 상단을 떠다니며

소속도, 속도도 갖지 않는다

그렇다고 무책임하진 않다

정글에선, 잎을 키우고

동맥처럼 증발한다

무성한 것들은 늘 위에서 자란다

숲은 위를 흉내 낸다

구름처럼 흩어지며

제 몸을 잊고 자신을 내리는

방법을 닮아간다
그리하여 구름은 숲이 되고
숲은, 하늘을 따라 걷는다

인기척 없는 문장들

상사화가 바람 타고
툭툭 내리는 집
입과 입의
불화설로 계절마다
꽃이 진다
주인 없는 집은
꽃대가 주인이지
빈집을 닦고 조이는
귓속말에
불 꺼진 저택은
주인 잃은 문장들이
매달려 있지
담벼락에 꽃대가
주인인 수상한 시적 표현
밤낮없이 인기척이 없다
꽃의 자태는
붉게 멍든 기호 같다
어두운 뿌리는

소문이 되어 새 나온다
역설을 잠재우듯

바다를 읊은 시가 없어요

붉은 은하수가 휘청거려요. 후드득 꼭지를 따고 뒹굴어요. 회오리 속으로 꽃잎이 스러져요. 삐삐 경고 소리 울려요. 바닷물이 날아와요. 꽃들이 쓸려가요. 숨이 차고 심장이 오그라들어요. 동백이 붉은 혈을 쏟아요. 마지막 모습, 휘돌며 매몰되어요. 목덜미가 저려와요. 바다가 아니었어요. 바다를 읊을 수가 없었어요.

하네스를 찬 나

푸들이 모빌을 보며
눈동자를 돌리네. 눈이 아리도록
자세가 움츠리면 마음도 작아질까.
눈을 깜빡이며 꼬리를 흔드네.
영악한 녀석은 건조대에 담겨 있는
내 러닝을 꽉 물고 있네.

천장에 매달린 모빌 따라 움직이면
이완은 습관, 냉각이 필요해.
이제 협상의 시간
내가 푸들에게 슬픔을 안긴 건 아닌데,
녀석이 짖어대네.

나는 간식을 녀석에게 주는 순간
러닝을 재빨리 빼앗지요.

덩치답지 않게 눈동자가
붉게 빛나는 푸들. 어깨는 펴고

가슴은 열고 깍지를 끼고
아래로 내리고 동글동글 뱅글뱅글
놀고 있네. 꼬릴 흔드네.

나도 눈동자를 돌리네.
오래 보고 있으면 내가 푸들인지,
머리가 빙빙 도네.

나는 먹지 않아도 짖어대고
부름 받지 않아도 울고 있어요.

나와 협상하는 버릇이 생긴 녀석.
간식과 바꿔 먹는 재미가 쏠쏠하지.
러닝을 물고 달리니
내 상체가 구겨지며 아려온다.
푸들의 주둥이가 물어뜯는
완력 얼어붙은 빨래처럼 딱딱해요.
질주하는 푸들

구겨지는 내 상체
자세만 바뀌어도
마음이 달라져요.

나는 모빌을 보며 수군대고 있지.
푸들이 내게 슬픔을 안긴 건 아닌데,
나는 짖어대네.

나는 집을 나서며 표정을 준비해요.
내 몸이 욱신거리네.
이제 푸들이 외출해요.
하네스를 한 나를 끌고

행성처럼

희멀건 안개 피어오른 길
두런두런 붉은 등 켜진다
내 안에 있는 고라니
붉은 두 눈
페달 소리 삼키며 떨고 섰다
징검다리 행성처럼
스키드마크처럼
어색하게 늘어선 신호 행렬
가로수 옆 현수막이 출렁댄다
흔들리는 것들은 달리거나
멈추고 싶다
색다른 불빛
색다른 거리를 바라보는
고라니
멈칫, 붉은 선율 내리고
여울 밝히는 사이
토막 난 소리 싣고 고라니가
어디로 달린다

초록별, 반짝이는 신호등

귀동냥

꽃잎이 흔들린다
징 소리, 담장 출구를 휘 때리듯
잎맥의 행간이 들썩거린다
꽃잎이 출렁이며 밤을 조여온다
가끔 뒤척이듯 우짖는 소리가
문장으로 다가온다
친구의 목소리처럼
접혔다 다시 펴지는 꽃잎
휘모리장단 젖은 가락 어슴푸레
말려온다 나는 문장을 받아 적는다
그림자 밀며 흔들리는 밤
늑대 발정 난 울음소리 밤을 삼킨다
팽팽히 긴장하는 문장
밝혀지지 않는 소문처럼,
젖은 그림자 꼬리 흔든다
숨 가쁜 문장도 소문도
출구를 찾기 시작한다
장단의 마디처럼 사라지는

문장이 내 마음을 흔든다

꿈

깜깜하다. 달콤한 꿈의 풍경
나의 꿈이 차창 밖 뒹구는 낙엽처럼 뭉개지고 있다. 신기루처럼 다가온 빛이 나를 쏘아 댔을까. 긴 여행 너머 시간에 접질린 발목이 보인다.

옮겨가고 옮겨 오는 인연들

비로소 보이는 것들
주춤거린 파문에 눈을 감는다.
얽힌 강박감,
아찔하다
고무줄 같은 패도가 늘어져 있다.

관습이라는 알을 훔쳤다. 훔친 알, 깨뜨려야지. 도둑처럼 절인 허물은 다가온 불꽃이었다. 무성해진 가시박 덩굴에 숨통이 조여온다. 자꾸 빠진 발 덤불을 헤쳐낸다.

나의 까칠한 민낯과

아름다웠던 때를 떠올리며, 시간과 마주 선다.

웃자라는 씨앗 안에 나는 갇혀 있다.
자욱한 가시 파편 속에

아찔하다.
어디까지가 바닥일지 알 수 없다.

창가에 여름비

구름이 뿌리 내린다
후드득 비를 쏟는다
유리창을 때리는 입자
난을 치듯 흐른다
채색된 무늬가 무채색
길을 낸다
마디마디 꼬리의 흔적을 낸다
톡, 톡
난타 소리 엉겨 흐르고
비가 빗물을 덧칠한다
캄캄한 구름이 시간 위로
뻗어 있다 창가에 앉아
아담을 기다리는 그녀
두 눈에 눈물 쏟는다
왈칵 쏟아내는 무거움은 이별의
막막함일까
헛된 꿈이 빗속에 뒹군다
흐르고 있다

두 남녀가 껴안고 있듯
투명 사이로 수없는 자국들
길을 내며 미끄러진다
창가에 흐르는 여름비
꼬리를 밀며 내린다
인류의 꼬리뼈 닮았다

감나무

바람 부는 날 독거노인

창가에 앉아 있어요

단풍잎이 바람에 흩날리며

까치밥처럼 허전해요

잎이 떨어져 땅에 뒹굴어요

그 모습처럼 노인의 마음도

무거워져요

이따금 외로움이 깊어지면

골목을 바라보며

떨어져 나간 피붙이를 생각하지요

감나무에 찢긴 방패연이 흩날려요

노인의 얼굴빛도 덩달아

불그스레해져요

단풍잎이

불꽃놀이 하면 조무래기

아이들은 연을 날려요

연처럼 노인의 마음도

붕 떠올랐으면 좋겠어요

곪아 바스러진

봄 산행, 계곡 물소리 왁자하게 울린다.
골짜기 향내 맡으며 숲속을 사색 중이다.

문득 수심 깊은 시선이 꽂혔다. SOS, 그가 나를 기다렸을까.

까맣게 곪아 바스러진 곱사등이 나무는 아슬하게 버틴 채 흐느끼고 있었다. 얼마나 참았을까. 나는 겹친 가지를 치고 까만 껍질을 벗기고 또 벗겼다.

쟁여 온 아픔까지 닦아주고 싶었다. 잘 버텼어.

나는 연신 부스럭거렸다. 몸을 숙인 그가, 숨을 고르는 듯 웅크린 그가 소리 없이 나를 보고 있었다.

나의 손이 끈적거렸다.
바람이 지나가고 휘파람 소리 났다.
뜨거운 하루였다.

스케치

항구의 녹색 불빛처럼
고독하고 우울한 내 마음
나는 널브러지듯 앉아
아직 고집 센 바다를 바라본다
갈매기 한 쌍이 잽싸게 물살을 가른다
벼랑을 때리는 파도
얼굴에 와닿는 머리카락
긴장한 이맛살이 주름처럼 조여든다
나는 두 팔을 뻗어 쿨렁거리는 물결
한 줌 만진다
바다의 시를 적는 듯 일렁이는 물결
저기
지평선 너머 무언가가 있다
너울로 피는 숱한 문장
나는 벼랑에 든 색조를
덧칠하고 있다

노을

홍시가 매달려 있다
그림자가 감나무를 갉아 먹는다

주름 잡힌 그림자 쪼아대는 까치
각 세운 꽁지를 들썩댄다

홍시를 겨냥한
밑줄그은 산 그림자
서산 노을 기다랗게 길을 내고 있다

단내를 삼킨 까치
주홍빛 노을을 째려본다

붉은 화염을 공격하려는 걸까
꽁지를 오랫동안 휘청거린다

감빛으로 물든 뿌리 내린
붉은 노을

제4부

파토스

잠이 안 온다. 눈꺼풀도 마음도 새벽을 흔든다. 가슴을 펴 보는 나의 공간, 손바닥을 대고 눈을 비빈다. 한 움큼 대변하는 감성의 그림자. 진정한 소리는 어디로 잦아들까. 저리도록 읽어내야 꽃으로 피는 문장, 움츠러들면 마음도 작아질까. 시를 노래함은, 새벽을 흔드는 것. 시작되고 사라지는 소리의 신호를 나는 읽어댄다.

보랏빛 심장

아!
심장이 멈출 것 같아
실낱같은 꽃대에 혈이 돌았네
끄덕이는 촉의 경계
제비꽃 기지개
그 사랑,
언제 본 적 있는지
후미진 곳에 꽃대 올리고
봄기운 품어내는 보랏빛 심장
누가 볼까 수줍음
가득한 혈색
그 사랑,
언제 본 적 있는지

산죽

1

검은 비가 내리고 있다. 빗방울과 널빤지는 팽팽한 긴장감, 힘겨루기가 시작되었다. 이따금 은행잎이 지붕을 덮는다. 일상에서 공포와 불안을 조성한다.

2

어떻게 변덕이 저리도 쉬울까. 정신머리가 외출한 걸까. 도저히 이해되질 않는다. 어떤 땐 전화 걸고 어떤 땐 무음으로 잠자는 그가 조용하다. 기별 없이 그렇게 살아가고 있다. 그의 작품은 예측 불가능하다.

3

침묵도 수양하는 것, 잠을 자든 변덕스럽게 행동하든 매한가지. 의심의 눈으로 바라볼 게 아니다. 길은 길이고 모두 자신의 몫이다. 남들이 비의 두려움에 대해 알고 있다. 점점 비가 그치고 검은 해가 얼굴을 내민다. 내딛는 발걸음마다 파고드는 긴장감에 아찔하다.

이면 도로

 마음 둘 길은 어디일까. 마스크 쓴 어둠길이 얼마나 두렵고 낯선지, 지질하게 감전된 풍경은 싹 지우세요. 사방에 헛것이 보이고 헛것이 들리고 유희에 익숙하지 않아요. 어디 있을까요. 그 아삭한 봄동 냄새 길목에 비릿한 내음이 바스락거려요.

 가슴을 벌려 속을 들여다보아요. 가슴이 알아주는 길 꿈틀꿈틀 전해오는 느낌 알잖아요. 현혹되지 말아요. 가끔은 삶의 가지를 살살 흔들어 보아요. 우수수 떨어내는 동여맬 수 없는 가시 뽑으며 나아가요.

 삶이 내 뜻대로 안 될지라도 새순처럼 가슴 내밀어가요. 마음이 알아주는 길 점령당한 바이러스는 획 밀어내어요. 다시 불을 붙여요. 다시 시작하고 싶다면 딩동딩동
　초인종을 누르고 가요.

달맞이꽃

그날,
그대는 붉은 하늘을 스치며
달맞이꽃처럼 피었다

되살아난 목소리에
잊은 기억이 먼저 돌아온다
그대는 저물녘의 사람이었다

그 눈가에 떠 있던 작은 달,
나는 왜 몰랐을까

쉰 목소리로 불러도
그대는 돌아오지 않고
밤마다
나는 그리움을 앓는다

부재는 살 속에 뿌리내려
그림자마저 은빛이 된다

달맞이꽃이여

지고도 내 안에서

다시 피는 그대

나는 이제

그리움을 빛처럼 켜둔다

재개발

바깥 풍경이 보이는 창가에
그녀는 즐겨 앉았지
닭과 고양이가 보이는
반려견이 불안해하거나 짖거나
거미는 집을 크게 만들어
나에게 조짐을 알려주었지
날씨에 따라
그녀의 색조와 앉은 자리가
달랐네 찻잔을 저어봐요
빗소리가 풀어져요
누굴 부르는 소리 들리세요
빗소리에 분위기와 음료가
달라지는 찻집
반려견과 고양이와 닭은
풍경 밖으로 사라졌네
자릴 채우고 또 자릴 채우던
그 보고 싶던 얼굴들
빗물에 고인 슬픔

이제 다 떠나가고
인부 소리만 들리는 자리
너와 내가 흐르네
기억을 저어봐요
창과 모든 게 지워졌지만
아직도 갈전천은
내 맘속에 흐르고 있네

은행잎

비가 노랗게 내린다

눈동자와 눈동자가

겹쳤다 오래된 은행나무

후유, 거친 숨 몰아쉰다

간헐적으로 묻어나는 슬픔

물방울이 물방울을 만드는

동그라미 두 개

날갯짓한다 난시처럼

겹쳤다가 풀어졌다가

눈시울 적시며 가지를

떠난 은행잎

그는 질투라는 은유로

눈썹을 그린다 아스팔트

중앙선이

노랗게 돋아난다 바람에

나비 떼 웅성거린다

눈망울 축축하다

못다 한 사랑 이야기 나눈다

도무지 잴 수 없는

내 마음도

빗방울에 비틀거린다

노랑

1

내리막길 쏟아지듯 달려오는 검은 차, 얼굴이 없다. 그림자만이 얼굴이다.

하나 지나가고 또 하나 지나간다. 검게, 혹은 하얗게 미끄러진다. 꿈속을 휘젓듯 떠난 자리

2

은행잎이 밀려온다. 노랑은 사랑이다. 첫사랑의 파문이다. 이브의 씨앗은 아담이었지.

그림자와 한 몸인 사랑, 빛처럼 도취 되어 스며들다 사라진다.

3

꽃인 듯, 상처인 듯 사랑은 사랑을 끝장낸다. 생의 가장자리를 꽉 잡은 인연, 그냥 오는 법은 없다.

갈피를 넘겨 전생으로 접힌다. 너와 함께 닳을 때까지 타들어 가는 노랑 액자 속에 가둔다.

4
사랑한다는 말은 소리도 없이, 적막 속으로 미끄러진다.

길을 묻다

꽃 진 자리에 꽃이 피나요.

마음속 심지에 불을 붙여 뜨거운 여행을 시작해 보아요. 꿈틀대는 이야기가 달그락 굴러요. 떠나간 것들을 껴안고 온 시간, 거리마다 생소한 얼굴들이 꼬리를 물어요.

공포와 불안
고통과 기쁨
무뎌진 기억이 금을 긋네요

시인이라면 화내지 말고 예쁘게 말해봐요. 멈추지 못하고 스쳐 간 삶, 이따금 숨이 차올라요. 외로운 사람들이 뛰고 달리네요. 길 끝에서 구겨진 절룩이던 꿈, 구멍 난 풍경을 되짚어 봐요.

지나온 곡선 위에 마주한 길.
다독이며 나아가던 수많은 시선.

낙화의 계절에 밤새 눈이 내려요.

시간의 이끼가 그림자를 세워요. 의미가 퇴색된 뻔한 생각, 평균의 이상에 뒤떨어지는 꿈. 주물이고 늘리면 채워질까요. 나의 체험은 오류의 자국으로 너덜거려요. 고약한 결점이 넋을 빼고 앉았네요. 죽음의 섬뜩한 묘사 속으로

마지막 길을 헤며
꽃 진 자리가 간지러워요.

침묵 위를 긋다

소리 없는
해금을 연주하는 나
물빛 활이 지나간다
침묵 위에 긋는 선율
귀를 밀고 지나간다

연주는 찬란한 기억을
뽑아낸다 빛바랜 숨결 하나씩
떼어내며 시간은 낡은 음표로
번진다

감각이 사라져가는 내,
심장의 휘어짐도 거친,
추억의 한숨도
그대에게 들려줄 쓸쓸해진
낡은 색을 붙들고

퍼져나가는 시간의 소리

나는 여전히 손끝으로

무음을 긋는다

눈감은 채

노란 우산

노란 우산이
흔들리며 다가온다
우산 때문일까
환히 웃는 그녀
머리카락에 묻은 반딧불이가
길바닥에 구른다
지천에 반딧불이
노랗게 떨어진다
오래된 은행나무 가지
후유, 거친 숨 몰아쉰다
슬픔일까
무더기, 나비처럼 내린다
이별에 눈시울 적시며
낙화하는 노랑은 선명하다
질투의 화신이 은유를 달고
금을 긋는다
색칠하는 아스팔트
중앙선이 노랗게 금을 긋는다

지천의 나비 떼 웅성거린다

눈망울 축축하다

가을 끝물에 바람이 스친다

바람에 노랑나비 드러눕는다

못다 한 은유를 이야기한다

도무지 잴 수 없는

내 마음도 비틀거린다

환승역에서

해인사 일주문 너머 산그림자 속,
숨결처럼 스미는 암자 하나 살짝 얼굴을 내민다.

서리가 이슬로 흩날린 아침, 나는 뜨거운 밥을 울컥 삼킨다. 보고 싶은 얼굴들, 꿈 밭에 심은 씨앗이었다.

사람 人 자는 서로 기대어 선 모양이라 하지.

햇살처럼 번지는 이름들, 꽃잎처럼 곁을 지나간 사람들. 시간은 별빛의 연대로 이어지고 우주 저편까지 뻗어가는 손길

사람 곁엔 사람, 손을 내밀면 또 하나의 길이 열린다.

마지막 인사, 살며시 웃으시던 어머니
외갓집 가는 길처럼 내 영혼 이끄시려나. 나는 문득, 그날을 안다.

다시 만날 것이다. 이별은 늘 만남의 길을 남긴다. 식지 않은 그리움을 품고 나는 걷는다.

   온기를 잃지 않은 가슴으로
   처음처럼
   저 너머의 환승역을 향해.

새벽

꿈꾼 새벽

천지를 진동하는 우렛소리

유리창이 흔들리고

내 언어도 마구 흔들린다

휘어진 감정이 솟고 무너지고

어둠의 블랙홀에 감성이 휘둘린다

환청처럼 들리는 까매진 소리

소리의 다발은 헌재의 서사

어둠이 나를 가둔다

나는 시간의 땅을 딛고

내 굼뜬 정신을 찌른다

절반은 몽롱한

넋들을 위한 기도

손을 잡고 푸른 강을 건넌다

나의 무의식이

언어를 아우른다

장마의 내부

   가슴안 어딘가 긁혀온다. 말라붙지 못한 감정이 저릿하게 스며든다. 범람은 시작되었다.

   도랑은 이름을 잃고 꽃들은 피는 대신 녹아내린다. 부어오른 입술을 열어 봉선화는 침묵의 꽃가루를 뱉는다.

   어깨엔 구름 몇 장 무게를 견디고 있다. 젖은 것들이 무너지듯 기억은 눅눅한 습기에 젖는다. 태풍은 가면을 쓰고 모든 것을 잊은 척 다가온다.

   어디쯤 악의 꽃이 핀 것인지, 바람이 줄기차게 대지를 쓰다듬는다. 예보 없는 미래 앞에서 소멸하거나, 터지거나 나는 아직 꿈의 뿌리를 젖은 흙 속에 숨긴다.

   뒷걸음질 치던 비가 다시 몸을 뒤튼다.

풍경소리

꽃가루 날리는 꽃 사막에서 꿈처럼 하늘을 오른다. 예고 없이 흩뿌리는 꽃잎.

촛불이 부르는 겹겹의 이름일까.
저물녘 연분홍 날개가 하늘을 오른다.
불그스레한 눈시울은 순례의 흔적

꽃잎 사이로 빨려드는 하얀 숨소리
파르르 떨리는 파문에 불쑥 눈물이 난다. 바람이 검은 꽃잎을 호명한다.

어디선가 법문이 들려온다.
슬픔처럼
눈물방울처럼 아스라한 언어가 날갯짓한다.

정수월의 시세계

다층적 상징 기호와 생명성

이재훈

정수월의 시세계

다층적 상징 기호와 생명성

이재훈

(시인)

　정수월의 시는 색채 이미지로 가득하다. 붉고 검고 어둡고 떨어지고 솟구치며 다양한 빛깔들이 시 전편에 넘실댄다. "소리 없이 채색되는 문장"으로 가득하여 시를 읽으면서 보게 되고 감각하게 된다. 특히 시인이 구가하는 붉은 이미지는 강렬한 색감으로, 뜨거운 감각으로, 때론 본질적 인식으로, 살아 있는 생명력으로 다양한 스펙트럼을 내며 발산한다. 정수월의 시는 관념을 이미지로 육화하여 존재의 그리움과 생명을 향한 열망을 보여주며, 사소하고 낮은 존재에 대한 희생의 상징적 맥락을 파헤친다.

사실 문학에서 붉은 이미지의 원형(元型, archetype)은 심층심리학과 비교인류학, 신화에 이르기까지 폭넓은 보조학문들과 융화하면서 인간 정신의 본질을 묘파하는 구심점 역할을 해왔다. 장미, 태양, 심장, 깃발, 입술, 피, 불 등의 원형 이미지들은 생명, 희생, 죽음, 열정, 사랑, 욕망, 정화, 파괴 등의 다양한 의미론적 비유를 가지고 있다. 원형 연구의 선구자인 융(C.G. Jung)은 붉은 색이 무의식의 심연에 발현되는 가장 본능에 가까운 색이라 칭했다. 꿈과 환상을 통해 강한 변화와 갈등, 열망의 신호로 작용하며 때론 자아가 무의식과 충돌하고 있다는 징후로 해석하곤 한다. 특히 생명을 구가하는 에너지의 추동력으로 발현된 시적 언어는 강력한 문학의 토대로 구현되어 왔다.

붉은 이미지의 시적 발현은 '꽃'의 소재를 통해 자주 드러나는데 정수월의 시집에는 꽃이 자주 등장한다. 꽃은 상징적 이미지가 강한 시적 대상이다. 꽃을 통해 신화적 재해석을 하기도 하고, 꽃말을 통해 서사적 상징을 부여받기도 한다. 이런 꽃이 붉은 이미지와 결합할 때 더욱 강렬하고 특별한 의미의 파장을 만들어 낸다. 꽃은 대부분 붉은 이미지를 가지고 있다. 붉은 꽃을 통해 아름다움과 사랑, 생명, 욕망, 고통, 죽음, 모성에 이르기까지 다층적 상징 기호로 해석할 수 있다.

정수월 시인에게 삶의 공간은 "석양"이 깔리는 "바다"이며

"잿빛과 선홍"(「잿빛 소음」)의 뜨거운 노을 자락이 머무는 장소이다. 석양과 노을은 모두 선홍의 붉은 이미지가 가득한 일몰의 현상이다. 이러한 현실에서 시인이 느끼는 감정은 소음과 비린내가 가득한 잿빛의 감정이다. 그 가운데서 시인이 찾은 꽃은 "혈이 돋"(「보랏빛 심장」)아 있고 눈시울 붉히고 서 있는 인고의 꽃이다. 그렇기에 꽃의 "붉은 입술은/ 자줏빛 가슴으로 번"(「빛의 산란」)지고 "붉게 멍든 기호"(「인기척 없는 문장들」)로서 작용한다. 시인은 "바다를 읊은 시"를 찾아 떠나보고 노래하지만 "바다를 읊을 수가 없었"(「바다를 읊은 시가 없어요」)다는 고백을 한다. 하지만 시인은 만장처럼 복잡한 색을 가진 이미지의 발현체이다. "숨결과 꿈결, 초록과 빨강"(「건널목」)의 이미지는 약속과 죽음의 상징으로 발현되면서 시인의 삶과 결부되어 저 너머의 경계로 지나간다.

  시인이 마련한 붉은 이미지와 기호는 어떤 양상을 가지고 있을까. 먼저 시인의 생각을 찾아가 보자.

    덩굴장미가 빛을 잃어갈 때 노을이 생각을 흩뿌린다. 혼탁한 강물이 일렁거리고 수면 위로 피라미가 퍼덕인다. 물거품과 윤슬은 구분하기 어렵다. 그녀는 땀에 젖은 몸뚱어리지만 모여들 아이를 생각하면 눅진하고 옹골차다. 그녀보다 앞서 걸어가는 노을. 눈썹이 물의 파문같이 번진다. 비둘기가 대숲에 앉기 시작한다. 그녀는 양념을 치고 밥 안치기에 분주하다.

아이의 주린 귓불이 붉다는 생각. 그녀는 공양을 올리듯 늘 계절을 부화하고 있다는 생각. 아이들에게 훈기를 전하고픈 마음, 하루가 붉은 장미 같다. 노을이 점점 불그스레하다. 그녀는 밥을 푸기 시작한다. 누가 그녀의 생각을 묘사하고 있는가. 붉은, 매우 붉은

— 「붉은 생각」 전문

시적 화자는 눅진한 현실을 살아가는 주체이다. "땀에 젖은 몸뚱어리"를 가지고 아이를 생각한다. 그녀의 삶은 "양념을 치고 밥 안치기에 분주"하고, "아이들에게 훈기를 전하고" 싶은 마음으로 밥을 푸는 일상 속에 있다. 시적 화자는 평범한 일상을 사는 것 같기만 화자를 둘러싼 시적 공간은 아름답지 않다. 덩굴장미는 빛을 잃어가고, 강물은 혼탁하며, 피라미는 먹이를 찾기 위해 수면 위로 퍼덕거린다. 아름다운 윤슬과 물거품은 구별하기 어렵고 비둘기가 고요한 대숲에 앉기 시작한다.

이러한 시적 정황을 전달하는 매개체는 붉은 이미지들이다. 덩굴장미와 붉은 장미, "귓불이 붉다는 생각"과 불그스레 져가는 노을 등은 모두 붉은 이미지들이다.

시인의 계절을 감각하며 산화한 이미지의 요소는 붉은 원형질에 가깝다. 존재에 대한 그리움, 일상과 대비되는 잠재된 욕망, 생명을 갈구하는 태도가 붉은 이미지를 통해 발현된다. 시

인은 "누가 그녀의 생각을 묘사하고 있는가"라고 자문한다. 그 묘사의 핵심은 "붉은, 매우 붉은" 감정이다.

> 새들이 푸드덕 날갯짓해요. 속삭임이 들려와요. 커피 향이 산자락을 맴돌면 붉은 그리움, 눈시울에 매달리지요. 가슴 떨던 그대가 맴돌고 간 호수를 어찌 잊겠어요. 아스라이 별이 된 먼 숨결 저편에 있지요. 날개 한쪽 떼어낸 가마우지, 부리로 달빛을 쪼고 있어요. 따끔거리는 물이랑이 붉은 이파리를 데리고 놀아요. 조명에 비치는 발걸음이 서로 겹쳐요. 기척에 혹시나 달려가 바라보면 뚝, 단풍잎 떨어지는 소리였어요. 보고 싶고 또 보고 싶어 호수엔 환상통으로 돋아 있는 날개. 가마우지 침묵을 매달고, 호수를 맴돌고 있는 듯해요.
> ―「붉은 그리움」 전문

시인에게 붉은 원형상징은 관념의 차원에까지 다다른다. 시인은 그리움조차 "붉은 그리움"으로 색채 이미지를 덧입혀 명명한다. 시「붉은 그리움」을 지탱하는 것은 감각의 세계이다. 새들이 날갯짓하는 시각, 속삭임이 들려오는 청각, 커피 향이 맴도는 후각, 눈시울이 느껴지는 촉각 등이 시의 공간을 채운다. 이러한 감각 속에서 시인이 느끼는 것은 "붉은 그리움"이다. 그리움을 통해 "조명에 비치는 발걸음"을 따라가고 "단풍잎 떨어지는 소리"를 듣는다. 시각과 청각이 어우러져 환상통이라는 통각의 감각와 만나게 된다. 이런 명명을 통해 존재에 대한 열망과 "보고 싶고 또 보고 싶"은 그리워하는 대상에 대한 강렬한 감정을 시각 이미지를 통해 드러낸다.

  오라고 한다. 산수유, 진달래, 매화가 입술 내미는 산으로 오라고 손짓한다. 가끔 꿈길에 휘파람새 노래하는 곳으로 나를 오라고 한다. 휘파람의 유혹에 산을 오른다. 내 발걸음에 놀란 장끼 한 마리 달아난다. 닳아빠진 이념을 벗어던지고 맨발로 바위를 오른다. 봄 햇살에 나는 눈 호강을 한다. 숨이 가빠지고 몸엔 열이 난다. 내원골에 화염이 솟는다. 눈치챈 마을의 개 한 마리 짖기 시작한다. 덩달아 모든 개가 짖어댄다. 꽃에서 꽃으로 옮겨붙는 입술, 피 묻은 입술은 말의 출구다. 말따라 나는 꿈을 받아 적는다. 무더기로 불붙은 진달래, 내 입술이 붉어진다. 아직 기다리는 이 보이지 않고 꿈이 부스럭거린다. 벌거벗은 지평선이 바싹 마른다. 슬픔만 불러일으키는 베개가 축축하다.

―「붉은 입술」전문

  시인의 생명에 대한 욕망과 충동은 자연에의 회귀와 호응으로 표출된다. 시인을 유혹하는 존재는 "산수유, 진달래, 매화"이다. 꽃들은 입술을 내밀며 산으로 오라고 손짓한다. 휘파람을 불며 유혹하여 산을 오른다. 여기서 주목할 점은 시인이

"닳아빠진 이념을 벗어던지고 맨발로 바위를 오른다"는 점이다. 관념이나 사상이 아니라 원초적인 몸의 감각과 감정에 충실하겠다는 시적 화자의 의지이다.

원초적인 자연의 충동과 몸의 감각은 "숨은 가빠지고 몸엔 열이" 나는 증상으로 발현된다. 시에서 개가 짖는 장면은 '시적 발견'에 해당한다. 시인이 인식한 것은 "피 묻은 입술"에 대한 철학적 인식이다. 시인은 언어를 토대로 존재를 증명하는 자이다. "피 묻은 입술은 말의 출구"라는 진술은 "붉은 입술"이라는 상징을 통해, 고통을 담지한 통각의 언어가 시의 산물이라는 점을 시사한다. 시인은 "무더기로 불붙은 진달래"를 통해 자신의 입술이 함께 붉어지는 동일시의 감정을 느끼는 존재이다.

붉은 이미지의 원형은 이중적인 인식으로 작용한다. 욕망을 추동하는 삶의 강렬함과 통각을 피문은 입술로 감각하는 타나토스적 미감이 동시에 표출되는 것이다.

무게를 끌고 가는 그녀, 꽃의 공양을 받들어 올리듯 소지燒紙를 차곡차곡 쌓은 숨결 전해온다. 그녀는 밤하늘에 빛을 만드는 중, 온갖 색깔의 빛이 그녀의 주변을 돌며 빙빙 타올랐다. 그녀는 하늘에 부딪힌 맨드라미처럼 붉다. 눈앞이 번쩍였다. 걸음이 모이면 큰길을 내듯 파장이 다른 빛을 끌고 가는 섬세한 그림은 어디에서 오는 걸까. 지친 몸을 끌고 빛을 찾아

나선 그녀. 한 발짝 물러서기 쉽지 않은 배려, 나는 보았다. 눈앞이 번쩍였다. 흩뿌려진 실핏줄처럼 소지는 모였다 흩어진다. 수평과 수직의 묶음은 오묘하지. 숱한 그녀의 허기와 열정과 내면을 느끼며 내 가슴은 아름다운 길에 흠뻑 젖어간다.

—「오로라」전문

정수월 시인은 원형 이미지를 통해 존재의 본질과 생과 사의 자연적 이치를 드러냈다. 개인의 내면을 색채이미지를 통해 전달하면서 인간의 내면에서 더 나아가 보편적 생명의 본질과 내면의 허기와 열정에 이르기까지 확장된 세계관을 보여준다.

시에서의 '그녀'는 꽃을 공양하는 자이다. 앞서 말했듯 꽃은 붉은 원형상징으로 다양한 의미를 함유하고 있는 시적 대상이다. 또한 '소지燒紙'를 받드는 역할을 한다. 주지하듯 소지는 종이를 태움으로써 세속을 신성으로 정화하거나 소원을 비는 종교적 행위이다. 소지 행위는 전 세계에 걸쳐 전해지는 인류 보편적인 관습이다. 시인은 그녀를 바라보며 "맨드라미처럼 붉다"고 하였으며, "온갖 색깔의 빛이 그녀의 주변을 돌며 빙빙 타올랐다"고 전한다.

그녀는 색채와 빛으로 명명되어지며, 빛을 찾아 나서는 존재이다. 붉은 원형 이미지는 그녀의 상징이며, 빛을 구하는 행위는 오로라를 만나며 번쩍이고, 모였다 흩어지는 현상을 체

험한다. 종이를 태워 하늘로 올려 날리면 수평과 수직의 상상이 더해 우주적 상상력으로까지 인식이 확장된다. 시인은 그것을 "아름다운 길"이라고 했다.

> 꽃잎이 쭉정이처럼 내 눈썹을 스친다. 웅덩이에 물결이 인다. 툭툭 입 벌린 모습으로 이파리 빙빙 돌며 떨어진다. 생명이 꺼져가는 걸까. 불꽃을 지피는 걸까. 영원과 순간의 경계에 내가 서 있다. 결정적인 순간이다. 순간을 위해 경계선 너머로 몸을 던졌던 그날이 떠오른다. 아직 눈썹이 기억하는 간헐적인 외침이 들리는 듯하다. 고양이와 강아지가 밟고 있던 담장이 점점 경계로 변해간다. 웅덩이와 담장이 뜯겨나간 경계를 보고 있다. 나는 어디쯤 서 있을까. 불꽃을 지피는 걸까. 밤새워 고민하던 날처럼 임의의 절취선이 눈썹을 차지하고 있다. 아직 꽃잎이 외치고 있다. 경계 너머에 길이 있다고
> ―「경계」 전문

생명에 대한 경외와 열정은 꽃잎처럼 작은 대상을 통해서 더욱 선연하게 제시된다. 꽃잎은 작고 여린 존재이지만, 시적 화자에게는 감각을 일깨우는 죽비 같은 존재이다. 꽃잎은 눈썹을 스치고, 입을 벌리고, 물결에 일고, 빙빙 돌며 떨어지는 역동적인 움직임 속에 존재한다. 그런 이유는 생명에 대한 집착과 열망 때문이다.

생명이 꺼지는 것이 아닌 "불꽃을 지피는" 이미지 속에 시인의 사유는 멈춰 있다. 시인은 "영원과 순간의 경계"에 서 있는 자이며 "결정적인 순간"과 "경계선 너머"를 오가는 자이다. 불꽃의 이미지는 부활과 재생의 상징이며, 번제의 이미지이다.

또한 불꽃은 붉은 원형상징과도 맥락이 닿아 있다. 불꽃을 지피는 행위는 쭉정이 같은 꽃잎의 존재가 희생과 내려놓음(떨어짐)을 통해 성찰에 이른 번제의 행위이다. 불꽃을 지피며 다시 생명력을 일깨우는 부활의 상징을 간접적으로 드러낸다.

올가미처럼 벌어진 꽃
박꽃 같은 웃음이 눈을 찌른다.

더운 찻잔에 달그락거리던 꿈이 보인다. 구멍 난 기억이 슬픔을 키우고 있었다. 나는 그 먼 길 혼자 걸어왔지. 길을 잃어버린 오랜 시간

사는 것이 무엇인지
내게 묻는다.

무수한 별빛 같은 모성
손가락 마디마디 꽃이 피고, 어둠을 지킨 바닥에 들꽃처럼 꿈이 피어오른다.

내 심장을 대신해 물들인 슬픔의 꽃, 꿈으로 더럽혀진 길에
고라니 한 마리 쓰러져 있다. 피를 흘리면서

나는 조금 알 것 같다
어금니, 꽉 깨문 저 은유를
―「은유를 깨문 밤」 전문

  시인의 관심은 온화하고 희망찬 생명의 갈구를 향해 가지 않는다. 혈흔은 피의 흔적이며 피는 희생과 복수와 생명의 상징이다. 즉 다양한 존재론적 상징이 결부된 시적 대상이다. 혈흔은 보통 상처와 고통의 이미지로 소비되어 왔다.
  시에서 꽃은 "올가미처럼 벌어"져 있고, 꿈은 달그락거리며, 기억은 "슬픔을 키우고 있"다. 시적 화자는 "길을 잃어버린 오랜 시간"을 버티며 존재에 대한 질문을 던진다. 그 질문은 "사는 것이 무엇인지/ 내게 묻는다"라는 직설적이고 자의적인 대답일 수밖에 없는 물음이다.
  시인이 제시한 꽃은 "슬픔의 꽃"이다. 꽃은 심장을 대신한 것으로 시적 화자의 영혼과도 같다. 시에서 길은 꿈으로 더럽혀져 있는데, 그곳에 피 흘린 고라니 한 마리가 쓰러져 있다. 이와 같은 희생의 상징, 순교자의 희생은 죽음과 재생의 순환론적 인식을 제시한다. 그렇기에 "어둠을 지킨 바닥에 들꽃처

럼 꿈이 피어오르는" 희망을 한 가닥 품어볼 수 있는 것이다.

꽃잎 떨어지자

무성한 이야기가 성큼 다가오네

라디오 주파수에 물든 나는

손톱에 봉선화꽃 물들였지

지지직거리는 연속극이 끝나면

손바닥처럼 꿈길은 시작되었지

웃음은 웃음으로

울음은 울음으로

잎이 되었다가 꽃이 되었다가

이야기가 되었다가

손톱으로 사라져가던 꽃물

꿈의 뒤안길엔

나의

웃음과 울음

핑크빛과 파랑

무엇이 있을까

잎이 뭉개진 자리에

나만의 그림이

새겨져 있는 손톱

이제

꽃물은 보이질 않고

라디오 연속극이

이명으로 쏟아지는 밤이네

—「봉선화」 전문

　이 모든 시적 언사는 "꽃잎 떨어지자/ 무성한 이야기" 속에 있다. 이야기는 억압된 여성의 서사이다. 시인은 "손톱에 봉선화꽃 물들였"다고 고백한다. 봉선화꽃 물들이는 행위는 불안전한 감정을 안온케 하는 행위이며, 후일을 기억하는 약속이며, 이런 것으로 소극적 저항의 행위이기도 하다.

　하지만 손톱에 물들인 꽃잎은 소멸의 흔적을 보일 수밖에 없다. "꿈의 뒤안길"에서 성찰하며 꽃물이 사라져가는 소멸의 흔적을 경험한다. "핑크빛과 파랑"은 "웃음과 울음"의 색이며, 고통의 색이며 비극적 정서이다. 우리는 모두 "나만의 그림이/ 새겨져 있는 손톱"을 간직하며 산다.

　꽃물의 흔적은 사라지더라도 몸에 남아 있는 붉은 감각은 여전히 존재한다. 여성의 생명성은 꽃잎을 품고 물들이며 굳건한 상징 이미지로 역할을 한다.

　정수월 시인은 "피 묻은 입술은 말의 출구"라는 감각적 진술을 전했다. 시인의 입술은 통각의 감각과 붉게 서린 이미지로 남아 있지만, 그 감각과 이어지는 인식은 원형으로 남아 시의 언어가 되었다. 그래서 시인의 말은 굳세고 아름답다. 시인의 아름다운 말의 향연이 동백과 바다와 은하수를 더 오래오래 읊고 노래했으면 좋겠다.

| **정수월** |

남해 출생. 2023년 『시와경계』로 등단했다. 시집으로 『열세 번째 초록』 『은유를 깨문 밤』 등이 있으며, 2024년 진주문단 작품상을 수상했다. 시우담문학 동인, 진주문인협회 회원으로 활동 중이다.

이메일 : jmija5959@kakao.com

현대시 기획선 128
은유를 깨문 밤
초판 인쇄 · 2025년 8월 10일
초판 발행 · 2025년 8월 15일
지은이 · 정수월
펴낸이 · 이선희
펴낸곳 · 한국문연
서울 서대문구 증가로29길 12-27, 101호
출판등록 1988년 3월 3일 제3-188호
편집실 | 서울 서대문구 증가로31길 39, 202호
대표전화 302-2717 | 팩스 · 6442-6053
디지털 현대시 www.koreapoem.co.kr
이메일 koreapoem@hanmail.net

ⓒ 정수월 2025
ISBN 978-89-6104-393-9 03810

* 본 도서는 경남문화예술진흥원의 문화예술지원금을 보조받아 발간했습니다.

값 13,000원

* 잘못된 책은 바꾸어 드립니다.